本书受兰州大学中央高校基本科研业务费专项资金重点项目"英雄烈士人格利益保护法律问题研究"（项目编号：17LZUJBWZD017）的资助

《保护英雄烈士人格利益民事公益诉讼法》
立法建议稿及简要说明

迟方旭　著

中国社会科学出版社

图书在版编目（CIP）数据

《保护英雄烈士人格利益民事公益诉讼法》立法建议稿及简要说明/
迟方旭著 . —北京：中国社会科学出版社，2017. 9
ISBN 978 – 7 – 5203 – 0955 – 4

Ⅰ. ①保… Ⅱ. ①迟… Ⅲ. ①烈士—人格—保护—民事
诉讼法—立法—研究—中国 Ⅳ. ①D923.14②D925.104

中国版本图书馆 CIP 数据核字（2017）第 220256 号

出 版 人	赵剑英	
选题策划	刘 艳	
责任编辑	刘 艳	
责任校对	陈 晨	
责任印制	戴 宽	

出 版	中国社会科学出版社	
社 址	北京鼓楼西大街甲 158 号	
邮 编	100720	
网 址	http://www.csspw.cn	
发 行 部	010 – 84083685	
门 市 部	010 – 84029450	
经 销	新华书店及其他书店	

印刷装订	北京君升印刷有限公司	
版 次	2017 年 9 月第 1 版	
印 次	2017 年 9 月第 1 次印刷	

开 本	880×1230 1/32	
印 张	2	
插 页	2	
字 数	22 千字	
定 价	16.00 元	

凡购买中国社会科学出版社图书，如有质量问题请与本社营销中心联系调换
电话：010 – 84083683

目　　录

第一章　总则

第一条［立法目的、依据］　为保护英雄烈士的人格利益，弘扬英雄烈士精神，维护社会公共利益，根据《宪法》，制定本法。

说明：本条是关于立法目的和依据的规定。

制定本法，意图创设保护英雄烈士的民事公益诉讼制度，借助国家机关和社会组织提起的民事公益诉讼，保护英雄烈士的人格利益以及由其所融入的社会公共利益，弘扬英雄烈士不畏牺牲的献身精神，激发我国人民实现中华民族伟大复兴的强大精神力量。

第二条〔利益范围、属性〕 英雄烈士享有姓名、肖像、名誉、荣誉、隐私等人格利益，英雄烈士的人格利益是社会公共利益的重要组成部分。

说明：本条是关于英雄烈士人格利益范围和属性的规定。

根据《民法通则》《民法总则》《侵权责任法》和《民事诉讼法》等法律以及《最高人民法院关于确定民事侵权精神损害赔偿责任若干问题的解释》《最高人民法院关于审理人身损害赔偿案件适用法律若干问题的解释》《最高人民法院关于适用〈中华人民共和国民事诉讼法〉的解释》和《最高人民法院关于审理名誉权案件若干问

题的解答》等司法解释的规定，英雄烈士作为死者享有姓名、肖像、名誉、荣誉、隐私等人格利益。

英雄烈士的人格利益及建立在其人格利益基础之上的英雄烈士精神，在战争年代，是表征中华儿女不畏强敌、不怕牺牲、英勇奋争精神的具体载体；在和平年代，是体现中华儿女不惧艰难、勇于开拓、敢于创新的形象空间。在革命战争、保护祖国和社会主义现代化建设事业中壮烈牺牲的英雄烈士及其精神，已经成为中华民族的共同的历史记忆，是中华儿女共同的宝贵的精神财富，已经衍生为社会公众的民族情感和历史情感，从而构成了社会公共利益的重要组成部分。

第三条〔诉讼创设、主体〕　本法规定的国家机关和社会组织，对已经损害社会公共利益或者具有损害社会公共利益重大风险的侵害英雄烈士人格利益的行为，可以向人民法院提起保护英雄烈士人格利益民事公益诉讼（以下简称"民事公益诉讼"）。

说明：本条是关于创设保护英雄烈士人格利益民事公益诉讼制度和诉讼主体的规定。

根据《立法法》第八条的规定，诉讼制度只能制定为法律，不能以法规、规章和司法解释的方式创设。因此，创设保护英雄烈士人格利益的民事公益诉讼制度，赋予法定的国家机关和社会组织以提起民事公益诉讼的诉权，需要由全国人大制定法律予以规定。同时，一方面为实现对英雄烈士人格利益及社会公共利益的有效保护；另一方面又不致民事公益诉讼的诉权被滥用，维系民事诉讼主体理论和制度的基本架构，本法只赋予本法所规定的国家机关和社会组织以诉权，未赋予其他国家机关、社会组织尤其是未赋予自然人个人以提起民事公益诉讼的诉权。需要格外说明的是，创设公益诉讼制度，是以维护社会公共利益为目的，因此，只能对既侵害英雄烈士的人格利益同时又损害社会公共利益的侵权行为提起民事公益诉讼；只侵害了英雄烈士的人格利益、尚未损害社会公共利益的，不能提起民事公益诉讼。当然，这里的对社会公共利益的损害，按照侵权责任法的基本法理，包括现实已发生的损害和有发生损害重大风险两种情形。

第四条〔牟利禁止〕　国家机关和社会组织提起民事公益诉讼应以维

护社会公共利益为目的，不得通过诉讼牟取经济利益。

说明：本条是关于禁止国家机关和社会组织借助民事公益诉讼牟取经济利益的规定。

之所以创设保护英雄烈士人格利益的民事公益诉讼制度，在于英雄烈士的人格利益系社会公共利益的重要组成部分，侵害英雄烈士人格利益者，大都同时损害了社会的公共利益。因此，为维护社会的公共利益，本法赋予国家机关和社会组织以提起民事公益诉讼的权利。国家机关和社会组织提起民事公益诉讼自然只能以维护社会公共利益为目的，不以牟取本机关和组织的自身利益为目的；若允许其通过诉讼牟取经济利益，则势必扭曲公益诉讼的制度旨趣，从而无助于社会公共利益的维护。

第五条［普通诉讼］　国家机关和社会组织提起民事公益诉讼的，不影响英雄烈士近亲属因同一行为就英雄烈士人格利益所受损害或其本人所受精神损害依法提起民事诉讼。

说明：本条是关于普通诉讼及普通诉讼与公益诉讼之间关系的规定。

根据《民事诉讼法》《最高人民法院关于确定民事侵权精神损害赔偿责任若干问题的解释》《最高人民法院关于审理人身损害赔偿案件适用法律若干问题的解释》《最高人民法院关于适用〈中华人民共和国民事诉讼法〉的解释》和《最高人民法院关于审理名誉权案件若干问题的解答》等法律和司法解释的规定，英雄烈士的人格利益遭受侵害的，英雄烈士的近亲属可为保护英雄烈士的人格利益而依法提起民事诉讼；同时，若英雄烈士的近亲属因侵害英雄烈士人格利益的行为而遭受精神痛苦的，也可以为保护自身的精神利益而依法提起民事诉讼。总而言之，英雄烈士近亲属可提起不同于民事公益诉讼的以保护私益为目的普通民事诉讼。英雄烈士近亲属所提起的普通民事诉讼，系为了保护英雄烈士的人格利益及其本人的精神利益；国家机关和社会组织所提起民事公益诉讼，是出于保护社会公共利益的需要。两种诉讼保护的利益属性不同，可以兼容，不能因国家机关和社会组织提起民事公益诉讼而剥夺英雄烈士近亲属作为普通当事人提起普通民事诉讼的权利。

第二章 公益诉讼的提起

第一节 国家机关提起公益诉讼

第六条 ［公益诉讼人］ 检察机关对已经损害社会公共利益或者具有损害社会公共利益重大风险的侵害英雄烈士人格利益的行为，可以公益诉讼人的身份向人民法院提起民事公益诉讼。

第七条 ［诉前程序］ 检察机关在提起民事公益诉讼前，可依法督促或者支持本法规定的其他国家机关和社会组织向人民法院提起民事公益诉讼。

第八条［公益诉讼］ 经诉前程序，本法规定的其他国家机关和社会组织没有向人民法院提起公益诉讼，社会公共利益仍处于受侵害状态的，检察机关可以提起民事公益诉讼。

第九条［诉讼费用］ 检察机关提起民事公益诉讼的，免缴诉讼费用。

说明：第六条至第九条是关于检察机关提起民事公益诉讼的规定。

检察机关是我国的法律监督机关，其法律监督职能的发挥，对维护宪法法律权威、维护社会公平正义、维护国家和社会公共利益有着不可替代的作用。因此，为维护我国的社会公共利益，应赋予检察机关以提起保护英雄烈士人格利益民事公益诉讼的主体资格。检察机关提起民事公益诉讼，其诉讼权利系其法律监督职能的体现，因此它的身份也不同于民事公益诉讼中作为原告的其他国家机关和社会组织。根据最高人民检察院检察长曹建明 2015 年 6 月 24 日在第十二届全国人大常委会第十五次会议上所作的对《关于授权最高人民检察院在部分地区开展公益诉讼改革试点工作的决定（草案）》的说明，检察机关在民事公益诉讼中可称为"公益诉讼人"。同时，由于检察机关具有法律监督机关的法律属性，其职责权限应以"监督"为核心要义，不宜未加任何限制而直接提起民事公益诉讼，本法因此设置检察机关督促或支持其他国家机关和社会组织提起民事公益诉讼的诉前职权；经过诉前程序，其他国家机关和社会组织没有向人民法院提起民事公益诉讼，社会公共利益仍处于受侵害状态的，检察机关方可以提起民事公益诉讼。最后，需要特别说明的是，检察机关提起民事公益诉讼，系其法律监督职权的行使，如同其在刑事诉讼和普通民事诉讼中提起诉讼或提出抗诉，人民法院不应向其收取诉讼费用。

第十条［其他国家机关］　除检察机关外，县级以上人民政府民政部门和其他法律所规定的国家机关，对已经损害社会公共利益或者具有损害社会公共利益重大风险的侵害英雄烈士人格利益的行为，可以原告的身份向人民法院提起民事公益诉讼。

说明：本条是关于检察机关之外其他国家机关提起民事公益诉讼的

规定。

根据《烈士褒扬条例》的规定，县级以上人民政府民政部门是烈士褒扬工作的行政主管部门，鉴于民事公益诉讼中的侵权行为既侵害了英雄烈士的人格利益又损害了社会的公共利益，县级以上人民政府的民政部门作为既负有维护社会公共利益职责同时又负责主管烈士褒扬工作的国家机关，就提起公益诉讼所需的知识、经验和技术等各方面因素观察，应为提起保护英雄烈士人格利益民事公益诉讼国家机关的首选。同时，为了适用保护英雄烈士人格利益法律制度在未来发展的需要，本法也考虑到未来其他法律赋予其他国家机关以提起民事公益诉讼职责的可能，故在民政部门之外还规定"其他法律规定的国家机关"

也享有民事公益诉讼的诉权，为民事公益诉讼在本法生效以后的发展留下空间。

第二节　社会组织提起公益诉讼

第十一条〔社会组织〕　法律、法规规定依法登记的社会团体、民办非企业组织以及基金会等社会组织，对已经损害社会公共利益或者具有损害社会公共利益重大风险的侵害英雄烈士人格利益的行为，可以原告的身份向人民法院提起民事公益诉讼。

第十二条〔资格条件〕　提起民事公益诉讼的社会组织，应符合下列条件：

（一）依法在设区的市级以上人民政府民政部门登记；

（二）专门从事历史学术研究活动且连续五年以上无违法记录。

第十三条［登记认定］ 人民法院在审理民事公益诉讼案件时，可以将设区的市，自治州、盟、地区，不设区的地级市，直辖市的区以上人民政府民政部门认定为本法所规定的市级以上人民政府的民政部门。

第十四条［业务认定］ 人民法院在审理民事公益诉讼案件时，可以将章程确定的宗旨和主要业务范围是进行历史学术研究且从事公益活动的社会组织认定为本法所规定的专门从事历史学术研究活动的社会组织。

第十五条［记录认定］ 人民法院在审理民事公益诉讼案件时，可以将社会组织在提起诉讼前五年内未因从事业务活动违反法律、法规的规定受过行政、刑事处罚认定为本法所规定的无违法记录。

说明：第十一条至第十五条是关于社会组织提起民事公益诉讼的规定。

赋予从事社会公益活动的社会组织以提起公益诉讼的权利，是各国公益诉讼制度的普遍做法，当然，这里的社会组织并非泛指一切社会组织，而是其宗旨或业务范围与所维护的社会公共利益具有关联性的社会组织。唯有具有关联性的社会组织，在提起民事公益诉讼时，方能以其知识、经验、技术等各方面的优势实现对英雄烈士人格利益和社会公共利益更有效的保护，同时又不致民事公益诉讼的诉权被滥用。此外，本法还充分借鉴了已施行的《最高人民法院关于审理消费民事公益诉讼案件适用法律若干问题的解释》和《最高人民法院关于审理环境民事公益诉讼案件适用法律若干问题的解释》两部司法解释的规定，对社会组织的资格条件及其具体认定作出了详细的、具有可操作性的规定。

第十六条〔支持诉讼〕 检察机关、县级以上人民政府民政部门及其他国家机关、社会组织、企业事业单位可以通过提供法律咨询、提交书面意见、协助调查取证等方式支持社会组织依法提起民事公益诉讼。

说明：本条是关于社会组织提起民事公益诉讼时获得其他主体支持的规定。

社会组织以维护社会公共利益为目的提起民事公益诉讼，虽其拥有较其他国家机关、社会组织、企业事业单位更多的保护英雄烈士人格利益和社会公共利益的知识、经验和技术优势，但一方面其不可能拥有、掌握和运用全部优势的技能，另一方面维护社会的公共利益是全社会的共同职责，社会组织不可能享有维护社会公共利益的唯一的、排他的垄断地位，因此，社会组织在提起诉讼前和诉讼进行中，检察机关、县级以上人民政府民政部门及其他国家机关、社会组织、企业事业单位可以通过提供法律咨询、提交书面意见、协助调查取证等方式支持其依法提起民事公益诉讼，以实现对英雄烈士人格利益和社会公共利益更好的保护。

第三章 公益诉讼的管辖

第十七条 ［地域、级别管辖］
第一审民事公益诉讼案件由侵权行为
发生地、损害结果地或者被告住所地
的中级以上人民法院管辖。

第十八条 ［特殊地域管辖］ 对
利用信息网络侵害英雄烈士人格利益
和社会公共利益的行为提起民事公益
诉讼的，由侵权行为地或者被告住所
地人民法院管辖。

侵权行为实施地包括实施被诉侵
权行为的计算机等终端设备所在地，

侵权结果地包括英雄烈士事迹发生地和英雄烈士近亲属住所地。

第十九条［特殊级别管辖］　中级人民法院认为确有必要的，可以在报请高级人民法院批准后，裁定将本院管辖的第一审民事公益诉讼案件交由基层人民法院审理。

第二十条［管辖竞合］　同一原告或者不同原告就同一侵害英雄烈士人格利益和社会公共利益的行为分别向两个以上有管辖权的人民法院提起民事公益诉讼的，由最先立案的人民法院管辖，必要时由共同上级人民法院指定管辖。

说明：本章是关于人民法院对民事公益诉讼案件管辖权的规定。

民事公益诉讼在法理上属于因侵权行为提起的民事诉讼，根据《民事诉讼法》第二十八条的规定，因侵权行为提起的诉讼，由侵权行为地或者被告住所地人民法院管辖，同时借鉴《最高人民法院关于审理环境民事公益诉讼案件适用法律若干问题的解释》的规定，本法将民事公益诉讼的管辖地域规定为侵权行为发生地、损害结果地或者被告住所地。此外，由于民事公益诉讼所维护的是社会的公共利益，往往具有较大影响，因此，本法将中级以上人民法院规定为民事公益诉讼的一审法院。考虑到现实生活和司法实践当中，侵害英雄烈士人格利益和社会公共利益的行为往往发生于网络空间中，且利用信息网络侵害英雄烈士人格利益的行为更容易引发对社会公共利益的损害，本法借鉴《最高人民法院关于审理利用信息网络侵害人身权益民事纠纷案件适用法律若干问题的解释》的规定，在赋予侵权行为地或者被告住所地人民法院以民事公益诉讼案件管辖权的同时，还特别规定侵权行为实施地包括实施被诉侵权行为的计算机等终端设备所在地、侵权结果地包括英雄烈士事迹发生地和英雄烈士近亲属住所地。这既到达了司法便民的效果，又借助英雄烈士事迹发生地和英雄烈士近亲属住所地人民法院的管辖，更好地消除、填补了侵权行为对社会公共利益造成的损害。此外，本法还注意到中级人民法院有其既有的审判级别和案件类型，为兼顾实际，允许中级人民法院在认为确有必要且经高级人民法院批准的情形下，将民事公益诉讼案件交由基层人民法院审理。还需要提及的是，鉴于民事公益诉讼案件系以维护社会公共利益为目的的案件，社会组织提起民事公益诉讼不受社会组织自身所在地域的限制，因此很容易出现同一原告或者不同原告就同一侵害英雄烈士人格利益和社会公共利益的行为分别向两个以上有管辖权的人民法院提起民事公益诉讼的情形。为解决因此种竞合情形带来的管辖争议，本法根据民事诉讼的基本法理和通常做法，规定应由最先立案的人民法院管辖，必要时由共同上级人民法院指定管辖。

第四章　公益诉讼权利和义务

第二十一条 ［起诉条件］　国家机关和社会组织提起民事公益诉讼，符合下列条件的，人民法院应予受理：

（一）有明确的被告；

（二）有具体的诉讼请求和事实、理由；

（三）属于人民法院受理民事诉讼的范围和受诉人民法院管辖。

第二十二条 ［起诉材料］　国家机关和社会组提起民事公益诉讼，应提交以下材料：

（一）起诉状，并按被告人数提出副本。起诉状应载明原、被告的基本法律信息，诉讼请求和所依据的事实与理由，证据和证据来源以及证人姓名和住所。

（二）被告的行为已经损害社会公共利益或者具有损害社会公共利益重大风险的初步证明材料，其中包括死者为英雄烈士的证明材料；

社会组织提起诉讼的，应当提交社会组织登记证书、章程、起诉前连续五年的年度工作报告书或者年检报告书，以及由其法定代表人或者主要负责人签字并加盖公章的无违法记录声明。

说明：第二十一条和第二十二条是关于民事公益诉讼起诉条件和须提交的材料的规定。

根据《民事诉讼法》第一百一十九条的规定，提起民事诉讼应满足下列条件：（一）原告是与本案有直接利害关系的公民、法人和其他组织；（二）有明确的被告；（三）有具体的诉讼请求和事实、理由；（四）属于人民法院受理民事诉讼的范围和受诉人民法院管辖。在民事公益诉讼中，国家机关和社会组织以维护公共利益为目的向人民法院提起诉讼，因此，与英雄烈士的近亲属不同，它们与英雄烈士的人格利益之间并无法律上的直接利害关系，这也是民事公益诉讼与普通民事诉讼的不同。本法一方面兼顾民事公益诉讼的自身特征，另一方面又特别注重与现行法律的协调，故借鉴《民事诉讼法》第一百一十九条的规定，删除其不适用民事公益诉讼的第一项规定，保留同时适用于民事公益诉讼和普通民事诉讼的后三项规定。国家机关和社会组织提起诉讼时应递交的材料，本法充分借鉴已施行的《最高人民法院关于审理消费民事公益诉讼案件适用法律若干问题的解释》和《最高人民法院关于审理环境民事公益诉讼案件适用法律若干问题的解释》两部司法解释的规定，并结合保护英雄烈士民事公益诉讼的自身特有情形，作出了具体的、详实的规定。

第二十三条［受理公告］　人民法院受理民事公益诉讼后，应当在立案之日起五日内将起诉状副本发送被告，并公告案件受理情况。

第二十四条［告知义务］　人民法院受理民事公益诉讼后，应当在十日内以书面形式告知同级人民政府民政部门，同级人民政府民政部门提起民事公益诉讼的除外。

第二十五条〔申请参加诉讼〕有权提起民事公益诉讼的其他国家机关和社会组织在公告之日起三十日内申请参加诉讼的，经审查符合法定条件的，人民法院应当将其列为共同原告；逾期申请的，不予准许。

第二十六条〔私益诉讼〕　英雄烈士的近亲属以其精神遭受损害申请参加诉讼的，人民法院应告知其另行起诉。

英雄烈士的近亲属另行起诉后，认为该案必须以民事公益诉讼的审理结果为依据且民事公益诉讼尚未审结，请求对其提起的诉讼予以中止的，人民法院可以准许。

第二十七条 ［证据保全］ 有权提起民事公益诉讼的国家机关和社会组织，可以依据民事诉讼法的规定申请保全证据。

第二十八条 ［释明权］ 人民法院认为原告提出的诉讼请求不足以保护社会公共利益的，可以向其释明变更或增加停止侵害、赔礼道歉等诉讼请求。

第二十九条 ［反诉禁止］ 民事公益诉讼审理过程中，被告提起反诉的，人民法院不予受理。

第三十条 ［取证权］ 对于审理民事公益诉讼案件需要的证据，人民法院认为有必要的，应当调查收集。

第三十一条 ［确认权］ 原告在诉讼过程中承认的对己方不利的事实和认可的证据，人民法院认为损害社会公共利益的，应不予确认。

第三十二条［民事责任］　对侵害英雄烈士人格利益并已经损害社会公共利益或者具有损害社会公共利益重大风险的行为，公益诉讼人或者原告可以请求被告承担停止侵害、赔礼道歉、消除影响、恢复名誉、具结悔过等民事责任。

第三十三条［诉讼请求］　公益诉讼人或者原告为防止损害的发生和扩大，请求被告停止侵害的，人民法院可以依法予以支持。

第三十四条［调解及限制］　民事公益诉讼当事人达成调解协议或者自行达成和解协议的，人民法院应当将协议内容公告，公告期限不少于三十日。公告期满后，人民法院审查认为调解协议或者和解协议的内容不损害社会公共利益的，应当出具调解书。

经审查，调解协议或和解协议的内容损害社会公共利益的，人民法院应依法作出判决。当事人以达成和解协议为由申请撤诉的，不予准许。

调解书应当写明诉讼请求、案件的基本事实和协议内容，并应当公开。

第三十五条〔撤诉禁止〕 法庭辩论终结后，原告申请撤诉的，人民法院不予准许。

第三十六条〔另诉情形〕 民事公益诉讼的裁判生效后，有权提起诉讼的其他国家机关和社会组织就同一行为另行起诉，有下列情形之一的，人民法院应予受理：

（一）前案公益诉讼人或者原告的起诉被裁定驳回的；

（二）有证据证明存在前案审理时

未发现的损害的。

第三十七条［强制执行］ 发生法律效力的民事公益诉讼的裁判，需要采取强制执行措施的，应当移送执行。

第三十八条［费用支持］ 原告及其诉讼代理人对侵权行为进行调查、取证的合理费用、合理的律师代理费用，人民法院可以根据实际情况予以相应支持。

第三十九条［费用缓交］ 社会组织交纳诉讼费用确有困难，依法申请缓交的，人民法院应予准许。

说明：第二十三条至第三十九条均系对民事公益诉讼中各诉讼主体诉讼权利和诉讼义务不同于普通民事诉讼的规定。

人民法院作为诉讼主体，因民事

公益诉讼所维护的是社会的公共利益，故审理该案时应不同于审理普通民事诉讼案件，应特别注重对社会公共利益的维护，应特别注意发挥人民法院的能动职能。受理普通民事诉讼案件时，因只关系到当事人的私益，与社会公共利益无关，故无需将案件受理情况进行公告；但受理民事公益诉讼案件时，因与社会公众的公共利益有关，为保障社会公众的知情权，应将受理情况予以公告。同样地，受理普通民事诉讼案件，无需告知行政主管部门；但受理民事公益诉讼案件，却应告知代表社会公共利益的行政主管部门。审理普通民事诉讼案件时，为充分尊重当事人对私益的处分权，应慎重行使对诉讼请求的释明权；但在审理民事公益诉讼案件时，因当事人的诉讼请求关涉到社会公共利益，若发现其诉讼请求不足以维护社会公共利益，则有权对诉讼请求进行达到保护社会公共利益目的的释明。在审理普通民事诉讼案件时，被告有权提出反诉；但在审理民事公益诉讼时，鉴于当事人系以维护公共利益为目的而提起诉讼，被告不应享有反诉于社会公共利益的私益，故禁止被告提出反诉。在审理普通民事诉讼案件时，为恪守"谁主张、谁举证"的民事证据规则，应在法律严格限制下行使调查取证的权力；但在审理民事公益诉讼案件时，因案件关系到社会公共利益，人民法院认为有必要时，可主动进行调查取证。在审理普通民事诉讼案件时，同样为尊重当事人对自身私益的处分权，对当事人认可对己不利的事实和证据，应予以采信；但在审理民事公益诉讼案件时，为确保社会公共利益不受损害，若原告认可对己不利的事实和证据损害社会公共利益的，人民法院应不予以确认。在审理普通民事诉讼案件时，为贯彻意思自治，应允许原告撤诉；但在审理民事公益诉讼案件时，原告的诉讼请求系为维护社会公共利益而作出，若（增加）人民法院认为有必要则可对原告的撤诉申请不予准许。在审理普通民事诉讼案件时，对双方当事人达成的调解或和解协议，应审查其是否真实、自愿作出；但在审理民事公益诉讼案件时，除应审查其是否真实、自愿作出外，还应审查其是否损害了社会的公共利益，若其损害社会公共利益，应及时作出判决，禁止当事人形成调解或和解协议。

此外，本章为鼓励提起民事公益诉讼的行为和保证民事公益诉讼判决更好地维护社会的公共利益，还就另行起诉、费用支持、费用缓交等情形作出了具体规定。

第四十条［牟利处理］　社会组织有通过诉讼违法收受财物等牟取经济利益行为的，人民法院可以根据情节轻微依法收缴其非法所得、予以罚款；涉嫌犯罪的，依法移送有关机关处理。

社会组织通过诉讼牟取经济利益的，人民法院应当向登记机关或者有关机关发出司法建议，由其依法处理。

国家机关及其工作人员通过诉讼牟取经济利益的，由有关机关依法处理。

说明：本条是对违反牟利禁止原则应承担的法律责任的规定。

本法第四条确立了民事公益诉讼牟利禁止的原则。提起民事公益诉讼的国家机关和社会组织违反该原则的，应承担法律上的不利后果。本法充分借鉴《最高人民法院关于审理环境民事公益诉讼案件适用法律若干问题的解释》的规定，对其法律责任作出了与该司法解释相协调的具体规定。

第五章　附则

　　第四十一条［参照适用］　对已经损害社会公共利益或者具有损害社会公共利益重大风险的侵害英雄烈士遗体和遗骨的行为，本法规定的国家机关和社会组织可参照本法提起民事公益诉讼。

　　说明：本条是关于侵害英雄烈士遗体和遗骨参照本法提起民事公益诉讼的规定。

　　根据《最高人民法院关于确定民事侵权精神损害赔偿责任若干问题的解释》的规定，英雄烈士作为死者，其遗体和遗骨受法律保护，侵害其遗体和遗骨的，应承担精神损害赔偿责任。但目前在我国民法学术界，死者的遗体和遗骨是否可以归属于人格利益的范畴仍然存在较大争议，但本法又不能放弃对英雄烈士遗体和遗骨的保护，故此在附则当中作出了参照适用的规定。

第四十二条［施行日期］ 本法自 年 月 日起施行。

说明：本条是关于本法生效日期的规定。

鉴于该法系对保护英雄烈士人格利益民事公益诉讼制度的创设性、系统性规定，且需要其他法规的配套，更需要广泛地予以宣传，故不宜在公布之日生效，应在公布一段时间之后施行。

附：

《民法总则》第一百八十五条
要求创设保护英雄烈士人格
利益民事公益诉讼制度

　　《民法总则》第一百八十五条规定："侵害英雄烈士等的姓名、肖像、名誉、荣誉，损害社会公共利益的，应当承担民事责任。"可见在该条中，侵害英雄烈士等的姓名、肖像、名誉、荣誉等人格利益的侵权人应当依法承担民事责任，但须以同时损害社会公共利益为前提。但根据侵权责任法的基本法理，只是侵害英雄烈士等的人格利益当然需要承担民事责任，且该民事责任的承担不以同时造成对社会公共利益的损害为前提。因此，此时要求侵权人承担民事责任旨在填补英雄烈士等的人格利益所受到的损害。亟须注意的是，当侵权人因侵害英雄烈士等的人格利益从而致使社会公共利益遭受损害时，侵权人所承担的民事责任，不应只是在于填补英雄烈士等的人格利益所受到的侵害，更在于填补社会公共利益受到的损害。于是，理解和适用《民法总则》第一百八十五条必然出现一亟须解决的理论和实践问题：该条设置的民事责任既然旨在既填补英雄烈士等的人格利益所受到的侵害，更在于填补社会公共利益所受到损害，那么，谁能够代表社会公共利益向侵权人提出主张？显然，提出主张者不能够再是英雄烈士等的近亲属，因为英雄烈士等的近亲属只能作为英雄烈士等的人格利益受侵害或自身情感利益受侵害的主张者，而不能因其具有英雄烈士等近亲属的身份而自然或天然地获得社会公共利益代表者的资格。笔者认为，唯有创设民事公益诉讼制度并通过该制度赋予法定的国家机关和社会组织以社会公共利益代表者的资格方能解决这一问题。这虽然不再是作为实体法的《民法总则》的任务而属于诉讼法的范畴，但却是保证《民法总则》第一百八十五条得到有效施行并进而保护英雄烈士等的人格利益和社会公共利益的必然要求，由此也形成了实体法和诉讼法相互配合、相得益彰的制度格局。更进而言之，当侵权人因侵害英雄烈士等的人格利益而损害社会公共利益时，若因年代久远等原因致使英雄烈士等没有近亲属，或英雄烈士等有近亲属而其近亲属不愿提起诉讼时，英雄烈士等的人格利益将无法借助民事诉讼的途径获得保护，此时又遑论能够有效维护社会的公共利益？由此观之，民事公益诉讼制度的创设，的确是有效施行《民法总则》第一百八十五条的必然要求。

一、民事公益诉讼的基本特征

顾名思义，公益诉讼是指维护社会公共利益的诉讼，具体而言，它是指有关国家机关、社会组织（团体）和公民个人，对违反法律、法规并侵犯国家利益、社会利益或不特定多数人的利益的行为，向审判机关提起诉讼，由审判机关依法追究其法律责任的诉讼活动。以诉讼对象为区分标准，公益诉讼可具体分类为民事公益诉讼和行政公益诉讼，前者是指对民事主体的民事违法行为提起的诉讼，后者是指对行政主体的行政违法行为提起的诉讼。公益诉讼制度起源于西方国家（一般认为美国是公益诉讼制度的创始国），大约在20世纪80年代被引介到我国，经由学术争论和实践探索，目前已经成为我国一项非常重要的诉讼法律制度。

与刑事诉讼和行政诉讼相比较，特别与一般民事诉讼相比较，民事公益诉讼通常具有以下几个方面的显著特征：

第一，民事公益诉讼以维护社会公共利益为目的，以实现公共利益最佳化、最大化为宗旨。一般民事诉讼往往旨在解决私人之间的民事纠纷，以维护私人的私益为目的。虽然一般民事诉讼的目的中也包含着维护社会公共利益的内容，但一般民事诉讼对社会公共利益的维护需借助于维护私人利益的方式并因而在最终的意义上实现对公共利益的维护，因此，一般民事诉讼对公共利益的维护只是一种间接方式，其直接目的仍然是对个体私益的一种确认和保护。公益民事诉讼能够区别于一般民事诉讼最本质的特征便是对社会公共利益的一种直接保护，其诉讼请求所涉及的利益是不特定多数社会公众的共同利益。

第二，民事公益诉讼原告为与民事违法行为并不具有直接法律上利害关系的国家机关、社会组织（团体）或公民个人。在一般民事诉讼当中，作为最为基本的起诉条件，原告必须是与案件有直接法律上利害关系的公民、法人和其他组织；若原告与案件没有法律上的直接利害关系，审判机关将认定原告的起诉行为不符合法定的起诉条件，并据之作出不予受理的裁定（当然，原告对裁定不服的，可以提起上诉）。而在民事公益诉讼中，作为起诉主体的原告的范围是极其广泛的，它不局限于民事权益遭受损害从而与案件具有直接法律上利害关系的当事人，特定的机关、组织和公民个人均可以公共利益遭受侵害为由向审判机关提起民事诉讼，此时，提起诉讼的特定的机关、组织和公民个人所代表的是国家或者是社会公众。

第三，民事公益诉讼的判决效果往往具有社会性。在一般民事诉讼中，由于审判机关所裁判的诉争往往只关涉双方当事人的私益，判决的结果局限于对双方当事人之间民事权利和义务的确定和保护，因此只对双方当事人具有法律约束力，它的判决产生的法律效果也因此更多地表现在当事人范围之内，难以辐射到范围更广的社会领域。而在民事公益诉讼中，由于原告所试图维护的利益是社会公共利益，涉及不特定多数社会公众的共同的、普遍的利益，因此，社会公共利益的公共性、集合性使得民事公益诉讼的判决结果具有了社会性的特征，它不仅对双方当事人产生法律上的约束力，而且更容易规范和引导社会公众的行为，更能够对公共政策发生产生影响。就时空角度观察，民事公益诉讼的判决效果不仅对当下产生影响，甚至对未来法律与政策的形成和完善发挥着极为重要的作用。

二、民事公益诉讼在我国的既有实践

经由学术争论和实践探索，民事公益诉讼在我国已经从一种理论学说发展成一项法律制度，已经成为一种鲜活的法治实践活动。

2012 年修正、2013 年 1 月 1 日施行的《民事诉讼法》第五十五条规定，对污染环境、侵害众多消费者合法权益等损害社会公共利益的行为，法律规定的机关和有关组织可以向人民法院提起诉讼。2013 年新修改、2014 年3 月 15 日施行的《消费者权益保护法》第四十七条规定，对侵害众多消费者合法权益的行为，中国消费者协会以及在省、自治区、直辖市设立的消费者协会，可以向人民法院提起诉讼，自此我国民事公益诉讼法律制度首先在消费者权益保护领域得以正式确立；紧接着，最高人民法院于2013年12月23日公布了《关于审理食品药品纠纷案件适用法律若干问题的规定》，该规定第十七条第二款规定人民法院在审理食品药品纠纷案件中，消费者协会依法提起公益诉讼的参照适用该规定。2014年新修订、2015年1月1日施行的《环境保护法》第五十八条规定，对污染环境、破坏生态，损害社会公共利益的行为，符合该法规定条件的社会组织可以向人民法院提起诉讼，自此，我国建立了环境民事公益诉讼制度。同时，为了保证人民法院正确审理环境民事公益诉讼和消费民事公益诉讼案件，最高人民法

院又分别于 2015 年 1 月 6 日和 2016 年
5 月 1 日公布了《关于审理环境民事公
益诉讼案件适用法律若干问题的解释》
和《关于审理消费民事公益诉讼案件
适用法律若干问题的解释》，环境民事
公益诉讼和消费民事公益诉讼的制度
设计愈加精致。2015 年 1 月 30 日，最
高人民法院公布了《关于适用〈中华
人民共和国民事诉讼法〉的解释》，该
解释设置专节对公益诉讼作出了规定。
在此期间，特别值得一提的是，根据
2015 年 5 月 5 日中央全面深化改革领
导小组第十二次会议审议通过的《检
察机关提起公益诉讼改革试点方案》，
全国人大常委会于 2015 年 7 月 1 日通
过了《关于授权最高人民检察院在部
分地区开展公益诉讼试点工作的决
定》，该决定授权最高人民检察院在十

三个省、自治区、直辖市内，在生态环境和资源保护、国有资产保护、国有土地使用权出让、食品药品安全等领域开展为期二年的提起公益诉讼的试点工作。自此，我国民事公益诉讼的范围被大大扩展了。

比较、综合我国既的有民事公益诉讼实践，可以发现目前该制度具有以下几个方面的特征：

（一）民事公益诉讼的目的是保护社会公共利益。在消费民事公益诉讼中，被诉的行为是经营者侵害众多不特定消费者合法权益或者具有危及消费者人身、财产安全危险等损害社会公共利益的行为；在环境民事公益诉讼中，被诉的行为是已经损坏社会公共利益或者具有损害社会公共利益重大风险的污染环境、破坏生态的行为；

在检察机关提起的民事公益诉讼中，被诉的行为是污染生态环境、危害食品药品安全等侵害社会公共利益的行为。可见，民事公益诉讼中，被诉行为均具有侵害社会公共利益的属性，民事诉讼的直接目的就在于保护社会公共利益。

（二）民事公益诉讼的原告是特定国家机关和社会组织，公民个人不能提起民事公益诉讼。在消费民事公益诉讼中，能够作为原告提起诉讼的只能是中国消费者协会以及在省、自治区、直辖市设立的消费者协会；在环境民事公益诉讼中，能够作为原告提起诉讼的只能是依照法律、法规的规定，在设区的市以上人民政府民政部门登记的社会团体、民办非企业单位以及基金会等社会组织；在检察机关提起的民事公益诉讼中，原告就是以"公益诉讼人"身份出现的各级检察机关。

（三）原告所维护的社会公共利益，必须与原告的宗旨或业务范围具有关联性。在消费公益诉讼中，作为原告的中国消费者协会以及在省、自治区、直辖市设立的消费者协会，它们是保护消费者合法权益的全国性和地方性社会团体，保护消费者合法权益是其重要宗旨；在环境公益诉讼中，作为原告的社会组织必须是专门从事环境保护公益活动的维护社会公共利益的社会组织；在检察机关提起的民事公益诉讼中，作为法律监督机关的检察机关，以"公益诉讼人"的国家机关的身份代表国家。

（四）民事公益诉讼案件一般由中

级人民法院管辖第一审。公益诉讼案件应由侵权行为地或者被告住所地中级人民法院管辖。在消费公益诉讼中，经最高人民法院批准，高级人民法院可以根据本辖区实际情况，在辖区内确定部分中级人民法院受理第一审消费民事公益诉讼案件；在环境公益诉讼中，第一审案件由污染环境、破坏生态行为发生地、损害结果地或者被告住所地的中级以上人民法院管辖，中级人民法院认为确有必要的，可以在报请高级人民法院批准后，裁定将本院管辖的第一审环境民事公益诉讼案件交由基层人民法院管辖。经最高人民法院批准，高级人民法院可以根据本辖区环境和生态保护的实际情况，在辖区内确定中级人民法院受理第一审环境民事公益诉讼案件。

（五）原告负有提交被告的行为已经损害社会公共利益或者具有损害社会公共利益重大风险的初步证据材料的义务。在消费公益诉讼中，原告应当提交被告的行为侵害众多不特定消费者合法权益或者具有危及消费者人身、财产安全等损害社会公共利益的初步证据；在环境民事公益诉讼中，原告应当提交被告的行为已经损害社会公共利益或者具有损害社会公共利益重大风险的初步证明材料。

（六）特定国家机关和社会组织有权依法支持民事公益诉讼。在环境公益民事诉讼中，检察机关、负有环境保护监督管理职责（改为职能）的部门及其他机关、社会组织、企业事业单位依据《民事诉讼法》第十五条的规定，可以通过提供法律咨询、提交书面意见书、协助调查取证等方式支持社会组织依法提起环境民事公益诉讼。根据全国人大常委会《关于授权最高人民检察院在部分地区开展公益诉讼试点工作的决定》，在生态环境和资源保护、国有资产保护、国有土地使用权出让、食品药品安全等领域，检察机关在提起民事公益诉讼之前，应当依法支持法律规定的机关或有关组织向人民法院提起民事公益诉讼。

（七）当事人可以和解，人民法院可以调解。在民事公益诉讼中，根据《最高人民法院关于适用〈民事诉讼法〉的解释》第二百八十九条第二、三和四款的规定，当事人可以和解，人民法院可以调解。当事人达成和解或者调解协议后，人民法院应当将和解或者调解协议进行公告，公告期间不得少于三十日。公告期满后，人民法院经审查，和解或者调解协议不违反社会公共利益的，应当出具调解书；和解或者调解协议违反社会公共利益的，不予出具调解书，继续对案件进行审理并依法作出裁判。

（八）民事公益诉讼不影响一般民事诉讼的进行。人民法院受理民事公益诉讼案件，不影响同一侵权行为的受害人依法向人民法院提起的一般民事诉讼。在消费民事公益诉讼中，人民法院受理消费民事公益诉讼案件后，因同一侵权行为受到损害的消费者申请参加诉讼的，人民法院应当告知其根据民事诉讼法的规定另行提起一般民事诉讼；在环境民事公益诉讼中，法律规定的机关和社会组织提起环境民事公益诉讼的，不影响因同一污染环境、破坏生态行为受到人身、财产损害的公民、法人和其他组织依照民事诉讼法提起的一般民事诉讼。

（九）民事公益诉讼不得牟取经济利益。特定国家机关和社会组织提起民事公益诉讼不得以牟取经济利益为目的。在消费民事公益诉讼中，原告及其代理人对侵权行为进行调查、取证的合理费用、鉴定费用、合理的律师代理费用，人民法院可以根据实际情况予以相应支持；在环境民事公益诉讼中，社会组织有通过诉讼违法收受财物等牟取经济利益行为的，人民法院可以根据情节轻重依法收缴其非法所得、予以罚款；涉嫌犯罪的，依法移送有关机关处理。同时，对于通过诉讼牟取经济利益的社会组织，人民法院应当向登记机关或者有关机关发送司法建议，由其依法处理。

三、创设保护英雄烈士人格利益民事公益诉讼制度的重点建议

基于上，建议全国人大常委会和最高人民法院修改完善有关法律和司法解释，为有效施行《民法总则》第一百八十五条设置的英雄烈士人格利益民法保护制度，更好地维护社会公共利益，创设保护英雄烈士人格利益民事公益诉讼制度，并且重点明确：

（一）以侮辱、诽谤、贬损、丑化等方式侵害英雄烈士等的姓名、肖像、名誉、荣誉，从而损害社会公共利益的，法律规定的国家机关和社会组织可以向人民法院提起民事公益诉讼；

（二）提起民事公益诉讼的社会组

织，其章程确定的宗旨和主要业务范围应是维护社会公共利益且从事历史学术研究活动；

（三）该民事公益诉讼应由中级人民法院管辖，各高级人民法院可以根据本地实际情况，确定审理该民事公益诉讼的中级人民法院，中级人民法院指定由基层人民法院审理，应取得高级人民法院的同意；

（四）提起该民事公益诉讼的社会组织，应当向人民法院提交被告的行为已经损害社会公共利益或者具有损害社会公共利益重大风险的初步证据材料；

（五）因同一侵权行为，法律规定的国家机关和社会组织已提起民事公益诉讼的，不影响英雄烈士的近亲属就其因该侵权行为所受损害而提起的民事诉讼；

（六）该民事公益诉讼，当事人可以和解，人民法院可以调解。当事人达成和解或者调解协议后，人民法院应当将和解或者调解协议进行公告，公告期间不得少于三十日。公告期满后，人民法院经审查，和解或者调解协议不违反社会公共利益的，应当出具调解书；和解或者调解协议违反社会公共利益的，不予出具调解书，继续对案件进行审理并依法作出裁判；

（七）特定国家机关和社会组织有权以提供咨询、提供书面法律意见书、协助调查取证等方式依法支持该民事公益诉讼；

（八）提起该民事公益诉讼的社会组织不得借诉讼牟取经济利益。